Chevalier=Marescq

JUGE DE PAIX
ANCIEN AVOCAT A LA COUR D'APPEL
DE PARIS

Nouvelle

LÉGISLATION DU MARIAGE

COMMENTAIRE DE LA LOI DU 21 JUIN 1907

ET DE LA

CIRCULAIRE DU GARDE DES SCEAUX DU 12 JUILLET 1907

Avec textes législatifs

ANCIENS ET NOUVEAUX

DEUXIÈME ÉDITION

PRIX : 1 FR. 50 FRANCO

ADMINISTRATION

DU BULLETIN-COMMENTAIRE DES LOIS NOUVELLES ET DÉCRETS

Léonce **BELZACQ**, directeur

103, BOULEVARD SAINT-MICHEL, 103, PARIS (V^e)

BULLETIN-COMMENTAIRE

DES

LOIS NOUVELLES ET DÉCRETS

Recueil mensuel, fondé en 1894. — **7** fr. par an

ADMINISTRATION : 103, boulevard Saint-Michel, à **PARIS**

Jamais l'activité législative n'a été aussi grande qu'à notre époque; au fur et à mesure des rapides modifications de l'état social, des besoins nouveaux se font sentir. Le législateur s'efforce de leur donner satisfaction par des lois nouvelles qui souvent modifient profondément les principes généraux du droit admis jusqu'alors.

Le monde des affaires a besoin de connaître l'économie de ces dispositions législatives nouvelles dès promulgation. En effet, la jurisprudence antérieure n'a souvent plus d'objet par suite d'une loi nouvelle qui sera peut-être suivie d'un autre texte législatif, avant même que des arrêts de principe aient été rendus en la matière.

Mais il est impossible au magistrat, à l'avocat, à l'avoué, aux officiers publics et ministériels, à tous ceux enfin ayant besoin d'être promptement et sûrement documentés, de se livrer à de longues recherches dans les auteurs, à l'Officiel, dans les rapports faits à la Chambre et au Sénat, dans les discussions parlementaires et la jurisprudence.

Le **Bulletin-Commentaire des Lois nouvelles et Décrets** *facilite la tâche de tous en publiant, dès promulgation, une savante analyse, un commentaire rapide et complet des lois, décrets, circulaires, se rapportant à une disposition législative nouvelle. Il renvoie aux textes encore en vigueur ou indique en quoi les dispositions nouvelles diffèrent de la législation antérieure, la complètent ou y dérogent.*

Cette œuvre de science autant que de patience ne peut être menée à bonne fin que par de savants spécialistes qui, dans le silence du cabinet, travaillent pour tous sur une question qu'ils ont étudiée d'une façon spéciale, en compulsant tous les documents utiles, souvent difficiles et onéreux à se procurer.

Publier rapidement un commentaire très exact, concis et peu coûteux, qui soit pour nos abonnés une économie de temps et de recherches dispendieuses, **qui** *leur* **permette,** *en un mot,* **d'avoir sous la main et pour ainsi dire d'embrasser d'un seul regard tous les renseignements relatifs à une question nouvelle,** *tel est le but que nous nous efforçons d'atteindre. Notre tâche est grandement facilitée grâce à l'excellence de notre Comité de rédaction, qui, depuis quinze ans, ne marchande ni son temps ni sa peine, pour faire œuvre vraiment originale, pratique, juridique et très documentée.*

Le **Bulletin-Commentaire des Lois nouvelles et Décrets** *paraît le 15 de chaque mois en fascicule d'autant plus gros que la matière à commenter est plus importante. Chaque numéro contient un ou plusieurs* **commentaires complets, avec textes législatifs s'y référant,** *et un index alphabétique permettant de trouver de suite la solution cherchée.*

Aussi trouve-t-on notre Bulletin dans toutes les bibliothèques de droit qu'il tient constamment au courant en supplémentant tous les autres ouvrages sans faire aucun double emploi.

Commentaire de la loi du 21 juin 1907
modifiant plusieurs dispositions légales relatives au mariage [1].

(*Journal officiel* du 25 juin 1907; *Supplément à tous les Codes*, n° 2878)

SOMMAIRE DU COMMENTAIRE

---

(1) TRAVAUX PRÉPARATOIRES. — Proposition de loi présentée à la Chambre des députés, le 15 janvier 1903, par M. l'abbé Lemire (*Doc. parl.*, 1904, annexe n° 652, p. 897). — Rapport de M. Deribéré-Desgardes, présenté le 30 janvier 1906 (*Doc. parl.*, 1906, annexe n° 2946, p. 35). — Déclaration d'urgence, discussion et adoption, séance du 12 avril 1906.

Transmission au Sénat, 12 avril 1906 (*Doc. parl.*, 1906, annexe n° 227, p. 690). — Rapport de M. Catalogne, 29 déc. 1906 (*Doc. parl.*, 1906, annexe n° 490, p. 435). — 1re délibération, séances des 30 janvier et 2 février 1907. — Rapport supplémentaire de M. Catalogne, séance du 5 mars 1907 (annexe n° 53). — 2e délibération et adoption avec modifications, séance du 7 mai 1907.

Renvoi à la Chambre des députés, 10 mai 1907 (*Doc. parl.*, 1907, annexe n° 939, p. 289). — Rapport de M. Raoul Péret, 31 mai 1907 (*Doc. parl.*, 1907, annexe n° 1004, p. 423). — Adoption sans discussion, 10 juin 1907.

TEXTE

Art. 1er. L'article 63 du Code civil est modifié de la manière suivante :

« Avant la célébration du mariage, l'officier de l'état civil fera une publication par voie d'affiche apposée à la porte de la maison commune. Cette publication énoncera les prénoms, noms, professions, domicile et résidence des futurs époux, leur qualité de majeur ou de mineur, et les prénoms, noms, professions et domicile de leurs pères et mères. Elle énoncera, en outre, les jour, lieu et heure où elle a été faite. Elle sera transcrite sur un seul registre coté et paraphé comme il est dit à l'article 41 du Code civil et déposé, à la fin de chaque année, au greffe du tribunal de l'arrondissement. »

2. L'article 64 du Code civil est modifié de la manière suivante :

« L'affiche prévue en l'article précédent restera apposée à la porte de la maison commune pendant dix jours, lesquels devront comprendre deux dimanches. Le mariage ne pourra être célébré avant le dixième jour depuis et non compris celui de la publication. »

3. L'article 65 du Code civil est modifié de la manière suivante :

« Si le mariage n'a pas été célébré dans l'année, à compter de l'expiration du délai de la publication, il ne pourra plus être célébré qu'après une nouvelle publication faite dans la forme ci-dessus. »

4. L'article 74 du Code civil est remplacé par le suivant :

« Le mariage sera célébré dans la commune où l'un des deux époux aura son domicile ou sa résidence établie par un mois au moins d'habitation continue à la date de la publication prévue par la loi. »

5. L'article 76 du Code civil est modifié de la manière suivante :

« On énoncera dans l'acte de mariage :

« 1° Les prénoms, noms, professions, âges, lieux de naissance et domiciles des époux ;

« 2° S'ils sont majeurs ou mineurs ;

« 3° Les prénoms, noms, professions et domiciles des pères et mères ;

« 4° Le consentement des pères et mères,

aïeuls et aïeules, et celui du conseil de famille, dans les cas où ils sont requis ; .

« 5° La notification prescrite par l'article 151, s'il en a été fait ;

« 6° Les oppositions, s'il y en a eu ; leur mainlevée, ou la mention qu'il n'y a point eu d'opposition ;

« 7° La déclaration des contractants de se prendre pour époux, et le prononcé de leur union par l'officier public ;

« 8° Les prénoms, noms, âges, professions et domiciles des témoins et leur déclaration s'ils sont parents ou alliés des parties, de quel côté et à quel degré ;

« 9° La déclaration faite sur l'interpellation prescrite par l'article précédent, qu'il a été ou qu'il n'a pas été fait de contrat de mariage, et, autant que possible, la date du contrat, s'il existe, ainsi que les nom et lieu de résidence du notaire qui l'aura reçu ; le tout à peine contre l'officier de l'état civil de l'amende fixée par l'article 50.

« Dans le cas où la déclaration aurait été omise ou serait erronée, la rectification de l'acte, en ce qui touche l'omission ou l'erreur, pourra être demandée par le procureur de la République, sans préjudice du droit des parties intéressées, conformément à l'article 99.

« Il sera fait mention de la célébration du mariage en marge de l'acte de naissance des époux. »

6. L'article 148 du Code civil est modifié de la manière suivante :

« Le fils et la fille qui n'ont pas atteint l'âge de vingt et un ans accomplis ne peuvent contracter mariage sans le consentement de leurs père et mère ; en cas de dissentiment, le consentement du père suffit. »

7. L'article 151 du Code civil est remplacé par le suivant :

« Les enfants ayant atteint l'âge de vingt et un ans révolus et jusqu'à l'âge de trente ans révolus, sont tenus de justifier du consentement de leurs père et mère.

« A défaut de ce consentement, l'intéressé fera notifier, dans les formes prévues en l'article 154, l'union projetée à ses père et mère ou à celui des deux dont le consentement n'est pas obtenu.

« Trente jours francs écoulés après justification de cette notification, il sera passé outre à la célébration du mariage. »

8. L'article 152 du Code civil est modifié de la manière suivante :

« S'il y a dissentiment entre des parents divorcés ou séparés de corps, le consentement de celui des deux époux au profit duquel le divorce ou la séparation aura été prononcé et qui a la garde de l'enfant suffira.

« Faute de réunir ces deux conditions, celui des père et mère qui consentira au mariage pourra citer l'autre devant le tribunal de première instance siégeant en chambre du conseil ; le tribunal compétent sera celui du domicile de la personne qui a la garde de l'enfant ; il statuera en audience publique et en dernier ressort. »

9. L'article 154 du Code civil est remplacé par le suivant :

« La notification prescrite par l'article 151 sera faite à la requête de l'intéressé par un notaire instrumentant sans le concours d'un deuxième notaire ni de témoins.

« Cet acte, visé pour timbre et enregistré gratis, énoncera les prénoms, noms, professions, domiciles et résidences des futurs époux, de leurs pères et mères, ainsi que le lieu où sera célébré le mariage.

« Il contiendra aussi déclaration que cette notification leur est faite en vue d'obtenir leur consentement et qu'à défaut il sera passé outre à la célébration du mariage à l'expiration du délai de trente jours francs. »

10. L'article 155 du Code civil est modifié de la manière suivante :

« En cas d'absence des père et mère auxquels eût dû être faite la notification prévue à l'article 154, il sera passé outre à la célébration du mariage en représentant le jugement qui aurait été rendu pour déclarer l'absence, ou, à défaut de ce jugement, celui qui aurait ordonné l'enquête, ou, s'il n'y a point encore eu de jugement, un acte de notoriété délivré par le juge de paix du lieu où les père et mère ont eu leur dernier domicile connu. Cet acte contiendra la déclaration de quatre témoins appelés d'office par le juge de paix.

« Il n'est pas nécessaire de produire les actes de décès des pères et mères des futurs mariés lorsque les aïeuls ou aïeules, pour la branche à laquelle ils appartiennent, attestent ce décès ; et, dans ce cas, il doit être fait mention de leur attestation sur l'acte de mariage.

« A défaut de cette attestation, il sera procédé à la célébration du mariage des majeurs, sur leurs déclaration et serment que le lieu du décès et celui du dernier domicile de leurs ascendants leur sont inconnus. »

11. L'article 156 du Code civil est modifié de la manière suivante :

« Les officiers de l'état civil qui auraient procédé à la célébration des mariages contractés par des fils ou filles n'ayant pas atteint l'âge de vingt et un ans accomplis sans que le consentement des pères et mères, celui des aïeuls et aïeules et celui du conseil de famille, dans le cas où il est requis, soit énoncé dans l'acte de mariage, seront, à la diligence des parties intéressées ou du procureur de la République près le tribunal civil de première instance de l'arrondissement où le mariage aura été célébré, condamnés à l'amende portée en l'article 192 du Code civil. »

12. L'article 157 du Code civil est modifié de la manière suivante :

« L'officier de l'état civil qui n'aura pas exigé la justification de la notification prescrite par l'article 154 sera condamné à l'amende prévue en l'article précédent. »

13. L'article 158 du Code civil est modifié de la manière suivante :

« Les dispositions contenues aux articles 148 et 149 et les dispositions des articles 151, 152, 153, 154 et 155 sont applicables aux enfants naturels légalement reconnus. »

14. L'article 159 du Code civil est modifié de la manière suivante :

« L'enfant naturel qui n'a point été reconnu et celui qui, après l'avoir été, a perdu ses père et mère ou dont les père et mère ne peuvent manifester leur volonté, ne pourra, avant l'âge de vingt et un ans révolus, se marier qu'après avoir obtenu le consentement du conseil de famille. »

15. L'article 165 du Code civil est remplacé par le suivant :

« Le mariage sera célébré publiquement devant l'officier de l'état civil de la commune où l'un des époux aura son domicile ou sa résidence à la date de la publication prévue par l'article 63, et, en cas de dispense de publication, à la date de la dispense prévue à l'article 169 ci-après. »

16. L'article 166 du Code civil est remplacé par le suivant :

« La publication ordonnée par l'article 63 sera faite à la municipalité du lieu où chacune des parties contractantes aura son domicile ou sa résidence. »

17. L'article 167 du Code civil est remplacé par le suivant :

« Si le domicile actuel ou la résidence actuelle n'ont pas été d'une durée continue de six mois, la publication sera faite en outre au lieu du dernier domicile, et, à défaut du domicile, au lieu de la dernière résidence ; si cette résidence n'a pas une durée continue de six mois, la publication sera faite également au lieu de la naissance. »

18. L'article 168 du Code civil est modifié ainsi qu'il suit :

« Si les parties contractantes, ou l'une d'elles, sont, relativement au mariage, sous la puissance d'autrui, la publication sera encore faite à la municipalité du domicile de ceux sous la puissance desquels elles se trouvent. »

19. Le paragraphe 1er de l'article 170 du Code civil est modifié ainsi qu'il suit :

« Le mariage contracté en pays étranger entre Français et entre Français et étranger sera valable, s'il a été célébré dans les formes usitées dans le pays, pourvu qu'il ait été précédé de la publication prescrite par l'article 63, au titre des « Actes de l'état civil », et que le Français n'ait point contrevenu aux dispositions contenues au chapitre précédent. »

20. L'article 173 du Code civil est modifié de la manière suivante :

« Le père, et, à défaut du père, la mère, les aïeuls et aïeules, peuvent former opposition au mariage de leurs enfants et descendants, encore que ceux-ci aient vingt et un ans accomplis. »

21. L'article 192 du Code civil est modifié de la manière suivante :

« Si le mariage n'a point été précédé de la publication requise ou s'il n'a pas été obtenu des dispenses permises par la loi ou si les intervalles prescrits entre les publications et célébrations n'ont point été observés, le procureur de la République fera prononcer contre l'officier public une amende qui ne pourra excéder trois cents francs (300 fr.) et contre les parties contractantes, ou ceux sous la puissance desquels elles ont agi, une amende proportionnée à leur fortune. »

22. L'article 169 du Code civil est remplacé par le suivant :

« Le procureur de la République, dans l'arrondissement duquel sera célébré le mariage, peut dispenser, pour des causes graves, de la publication et de tout délai. »

23. La présente loi est applicable à l'Algérie, ainsi qu'aux colonies de la Guadeloupe, de la Martinique et de la Réunion.

La présente loi, délibérée et adoptée par le Sénat et par la Chambre des députés, sera exécutée comme loi de l'État.

COMMENTAIRE

SECTION I
But et esprit général de la loi

La loi nouvelle apporte deux modifications importantes à la législation antérieure.

Première modification : la majorité matrimoniale, qui était fixée à vingt et un ans pour les filles et à vingt-cinq ans pour les garçons, se trouve unifiée et ramenée à vingt et un ans pour les deux sexes : à partir de vingt et un ans garçons et filles peuvent se marier désormais, sans avoir besoin de l'autorisation des parents.

Deuxième modification : l'acte respectueux maintenu par la loi du 20 juin 1896 [1] est remplacé par une notification faite par un notaire, pour les futurs des deux sexes âgés de moins de trente ans.

La loi renferme en outre plusieurs modifications de détail. Ces modifications concernent le régime de publication préalable au mariage, le lieu de la célébration, les dispenses de publication, les sanctions des règles relatives à la publication. Le mariage des enfants naturels fait l'objet de dispositions spéciales.

Outre l'intention de donner l'égalité aux deux sexes, le but de la loi a été de faciliter l'accès du mariage aux indigents, en diminuant les frais et en simplifiant les formalités. Le législateur n'a fait que continuer l'œuvre qu'il avait commencée en 1896. Il a aussi voulu accroître le nombre des naissances, diminuer celui des liaisons illégitimes et des enfants naturels ou permettre de légitimer ces derniers.

L'auteur de la proposition de loi, M. l'abbé Lemire, déclarait dans l'exposé des motifs : « Il importe que la famille ne soit pas une somptueuse demeure d'accès difficile ouverte seulement à ceux qui ne reculent ni devant les formalités ni devant les dépenses » [2], et il

---

(1) Voir Bertet, *Commentaire de la loi du 20 juin 1896, tendant à rendre le mariage plus facile.* 1 br. 1 fr. 50. (*Belzacq*, éditeur.)

(2) *Journ. off., Doc. parl.*, 1904. Annexes, n° 652, p. 897.

remarquait un peu plus loin : « On peut même dire qu'à l'heure actuelle, par une sorte de contresens légal, ce qu'il y a de difficile, c'est le mariage ; ce qu'il y a de facile, c'est le divorce. »

SECTION II

Formalités intrinsèques

A. — *Age.* — *Majorité matrimoniale.* — *Consentement*

Ancien texte	Nouveau texte (art. 6)
ART. 148	ART. 148
Le fils qui n'a pas atteint l'âge de vingt-cinq ans accomplis, la fille qui n'a pas atteint l'âge de vingt et un ans accomplis, ne peuvent contracter mariage sans le consentement de leurs père et mère ; en cas de dissentiment, le consentement du père suffit.	Le fils et la fille qui n'ont pas atteint l'âge de vingt et un ans accomplis ne peuvent contracter mariage sans le consentement de leurs père et mère ; en cas de dissentiment, le consentement du père suffit.

Sous le régime du Code civil, il y avait inégalité entre les deux sexes : l'enfant qui avait atteint sa majorité matrimoniale (vingt et un ans pour les filles, vingt-cinq ans pour les garçons) ne pouvait se marier contre le gré de ses ascendants sans leur avoir adressé tantôt trois actes respectueux, tantôt un seul : trois actes *quand l'enfant avait moins de vingt-cinq ans, si c'était une fille ; ou moins de trente ans, si c'était un fils ;* un acte *après l'âge de vingt-cinq ans* pour les filles et *trente ans* pour les fils. Notons que depuis la loi du 20 juin 1896 la notification aux ascendants d'un seul acte respectueux suffisait *après l'âge de vingt et un ans* pour les filles *et de vingt-cinq ans* pour les garçons.

Pourquoi cette différence ? Portalis avait déclaré devant le Corps législatif, dans la séance du 16 vendémiaire an XI : « La nature se développe plus facilement dans un sexe que dans l'autre, et une fille qui languirait péniblement dans une trop longue attente perdrait une partie des attraits qui peuvent favoriser son établissement et, souvent même, se trouverait exposée à des dangers qui pourraient compromettre sa vertu, car la fille ne voit dans le mariage que la conquête de sa liberté. »

Les commentateurs du Code civil ont tenté de leur côté de justifier cette inégalité par des raisons plus ou moins apparentes, qu'ils énumèrent sans grande conviction d'ailleurs. « Quelles sont les raisons de cette différence entre la fille et le fils ? demande Mourlon. C'est que, a-t-on dit, le refus des ascendants pourrait être irréparable, quant aux filles déjà

majeures de vingt et un ans : car leur jeunesse est souvent la cause d'établissement avantageux, dont elles ne trouveraient plus l'occasion à un âge plus avancé. L'homme, au contraire, se marie mieux à vingt-cinq ans qu'à vingt et un ans. Le fils, d'ailleurs, tient plus à ses ascendants que la fille, puisqu'il en conserve et en perpétue le nom : son mariage engage donc plus directement l'honneur de sa famille. Dès lors, on a dû le laisser plus longtemps soumis à son autorité. On a considéré enfin qu'en général la raison se développe plus rapidement chez la femme que chez l'homme (1). »

« Pourquoi cette différence ? demande encore M. Planiol. On en a donné plusieurs raisons sans valeur. La seule qui puisse justifier la décision du Code est qu'il n'y a pas grand inconvénient, surtout dans nos mœurs où l'on se marie de plus en plus tard, à retarder jusqu'à vingt-cinq ans le mariage d'un jeune homme, tandis que les jeunes filles se marient d'ordinaire plus tôt : passé vingt-cinq ans, elles trouveraient peut-être difficilement un parti convenable, si l'opposition de leurs parents les empêchait de s'établir auparavant (2). »

La disposition abaissant pour les garçons la majorité matrimoniale à vingt et un ans a rencontré peu de résistance.

Un sénateur, M. Fessard, proposa un amendement tendant à fixer à vingt-quatre ans la majorité matrimoniale des garçons, en l'appuyant par des considérations tirées du service militaire : « désœuvrement de la vie de garnison qui laisse les jeunes gens de famille abandonnés à eux-mêmes, exposés à contracter des liaisons dangereuses ; situation précaire de la famille du soldat d'origine plébéienne qui ne gagne aucun salaire et dont les parents hostiles ne voudront pas recueillir la femme et les enfants (3). »

La majorité, reportée à vingt-cinq ans pour les garçons, n'avait point pour cause une inaptitude spéciale au sexe masculin pour contracter mariage avant cet âge. Dès vingt et un ans, le garçon (388 et 488 C. civ.) est réputé capable pour tous les actes de la vie civile. Bien mieux, le jeune homme devenu orphelin pouvait se marier librement dès vingt et un ans (139 et 160 C. civ.).

La raison de cette anomalie doit être recherchée dans le désir du législateur de 1804 de renforcer et de prolonger l'autorité paternelle ; c'était un retour à la tradition, au droit coutumier et au droit romain. L'esprit autoritaire de Napoléon Ier détruisait ainsi l'œuvre de l'Assemblée législative qui, dans sa séance

---

(1) T. Ier, p. 295, édit. 1884.
(2) *Traité élémentaire du droit civil*, t. III, p. 21, édit. 1901.
(3) Sénat, séance du 7 mai 1907, *J. off.*, p. 604, col. 3.

du 20 septembre 1792, avait proclamé l'égalité des sexes en fixant à vingt et un ans l'âge compétent pour contracter mariage.

Si l'autorité paternelle, l'unité de la famille, sont choses respectables, il faut tenir compte aussi de la liberté des enfants.

En matière de mariage, l'autorité paternelle s'est souvent exercée d'une façon abusive. Dans la bourgeoisie, de simples questions de convenances ont fréquemment dicté le refus des parents qui n'ont pas voulu que leurs enfants fassent un mariage pauvre, en choisissant leur conjoint dans une classe inférieure. Dans la classe ouvrière, des raisons d'intérêt ont parfois déterminé le refus des parents : le garçon âgé de vingt et un ans vit fréquemment dans sa famille, qui profite ainsi de ses salaires.

Est-ce qu'en retardant jusqu'à vingt-cinq ans la majorité, on soustrayait les garçons aux entraînements de la jeunesse et aux unions regrettables ? Ne favorisait-on pas plutôt les unions illégitimes, les abandons de filles-mères et d'enfants naturels ?

Nous estimons qu'en faisant disparaître cette restriction à la capacité des adultes de vingt et un ans, le législateur a fait œuvre sociale. L'exemple de la Belgique est bien instructif à cet égard.

En Belgique, la majorité matrimoniale a été ramenée, en 1896, de vingt-cinq à vingt et un ans. L'état comparé des naissances illégitimes et des unions légitimes avant et après 1896 donne les résultats suivants : les naissances illégitimes par cent habitants, de 1881 à 1890, étaient en moyenne de 8,47 p. 100 ; en 1895, elles étaient de 8,64. A partir de 1896, la dégression ne fait que s'accentuer : 1896, 8,76 ; 1897, 8,32 ; 1898, 7,88 ; 1899, 7,68 ; 1900, 7,45 ; 1901, 7,07 ; 1902, 6,93 ; 1903, 6,70 ; 1904, 6,59.

La Belgique n'est point le seul pays d'Europe où la majorité matrimoniale soit fixée d'une façon égale pour les deux sexes ; bien au contraire, en Europe, la France se trouvait être avec l'Italie la seule nation où existât encore l'inégalité entre garçons et filles.

En Allemagne, depuis le Code civil de 1900, en Angleterre, en Suisse, en Russie, en Portugal, liberté est donnée aux deux sexes de se marier à partir de vingt et un ans. Au Mexique, la majorité matrimoniale est également fixée à vingt et un ans ; en Serbie, on peut se marier à partir de dix-huit ans.

Plus récemment, la Roumanie, régie par notre Code civil, a, par une loi des 15/28 mars 1906, réformé sur ce point la législation en abaissant à vingt et un ans la majorité matrimoniale.

B. — *Mineurs de vingt et un ans.* — *Dissentiment au sujet du consentement à donner entre parents mariés, non divorcés ni séparés de corps*

Jusqu'à vingt et un ans, les enfants de l'un et l'autre sexe doivent obtenir le consentement de leurs parents pour contracter mariage.

Il est dit à l'article 148 *in fine*, qu'en cas de dissentiment entre le père et la mère, le consentement du père suffit pour autoriser le mariage du mineur de vingt et un ans.

Cette disposition a fait l'objet au Sénat, lors de la deuxième délibération, d'une disposition additionnelle déposée par M. Gourju et conçue dans les termes suivants :

« Si le père refuse son consentement, la « mère pourra le citer devant le tribunal de « première instance siégeant en chambre « du conseil ; le jugement sera rendu en au- « dience publique et en dernier ressort [1]. »

Mais il fut répondu à M. Gourju que sa disposition additionnelle, très libérale et très morale, porterait une singulière atteinte à l'autorité paternelle et violerait l'article 373 C. civ., qui permet au père seul d'exercer l'autorité paternelle pendant le mariage. Avant de voter l'amendement de M. Gourju, il eût fallu supprimer l'article 373 du Code civil et bien d'autres dispositions légales.

La proposition additionnelle de M. Gourju fut repoussée par 224 voix contre 10, sur 234 votants.

C. — *Dissentiment entre parents divorcés ou séparés de corps*

Ancien texte	Texte nouveau (art. 8)
ART. 152	ART. 152
S'il y a dissentiment entre les parents divorcés ou séparés de corps, le consentement de celui des époux au profit duquel le divorce ou la séparation aura été prononcé et qui aura obtenu la garde de l'enfant suffira.	S'il y a dissentiment entre les parents divorcés ou séparés de corps, le consentement de celui des deux époux au profit duquel le divorce ou la séparation aura été prononcé et qui a la garde de l'enfant suffira. Faute de réunir ces deux conditions, celui des père et mère qui consentira au mariage pourra citer l'autre devant le tribunal de première instance siégeant en Chambre du conseil ; le tribunal compétent sera celui

____

(1) Sénat, séance du 7 mai 1907, *J. off.*, p. 607, col. 1.

du domicile de la personne qui a la garde de l'enfant; il statuera en audience publique et en dernier ressort.

Dans la proposition soumise en première délibération à la Chambre des députés, l'article 152 était abrogé (1); il n'était point fait de distinction entre le cas où le père et la mère étaient demeurés unis et celui où ils étaient divorcés ou séparés de corps. L'article 148 disposait d'une façon absolue qu'en cas de dissentiment le consentement du père suffisait.

Ainsi, au cas de divorce et de séparation de corps, le consentement du père l'emportait même si le jugement de divorce ou de séparation de corps avait été prononcé aux seuls torts du mari et si la mère avait la garde de l'enfant.

Il a paru à la commission sénatoriale qu'il y avait injustice et danger de parti pris du père à l'encontre de l'enfant de préférer dans ce cas le consentement paternel au consentement maternel.

La commission proposa donc un article 6 *bis* ainsi conçu :

Art. 6 *bis*. — L'article 152 du Code civil est modifié de la manière suivante : « S'il y a dissentiment entre les parents divorcés ou séparés de corps, le consentement de celui des deux époux qui a la garde de l'enfant suffira (2). »

On voit la différence entre le nouvel article 152 ainsi modifié et l'ancien.

D'après l'article 152 ancien, deux conditions étaient requises pour que le consentement de l'un des deux époux l'emportât : il fallait que le divorce eût été prononcé à son profit et que la garde de l'enfant lui eût été confiée.

Or, il se présente des cas fréquents où le divorce est prononcé en faveur des deux époux et où l'enfant cependant n'est confié qu'à l'un d'eux. Il se présente aussi des cas où, après le divorce et la séparation prononcée, l'enfant est enlevé à l'époux auquel il avait été d'abord confié pour être confié à l'autre. Dans ces divers cas, avec la rédaction de l'ancien article 152, il pouvait être absolument impossible de savoir duquel des deux époux le consentement était nécessaire.

C'est dans un but de simplification et de précision que la commission demandait au Sénat de dire qu'en cas de dissentiment le consentement de celui des deux époux qui a la garde de l'enfant suffirait.

Lorsque la proposition revint en deuxième lecture devant le Sénat, l'article 6 *bis* devenu l'article 8 était encore modifié. La commission avait rétabli en partie l'ancien texte de l'article 152 exigeant une double condition, d'une part, que le divorce (ou la séparation) ait été prononcé au profit de l'époux, d'autre part, qu'il ait la garde de l'enfant au moment de la demande de consentement au mariage. En outre, toutes situations de famille ne pouvant être prévues, la commission proposa d'attribuer, pour tous les autres cas et en toutes autres éventualités, compétence aux tribunaux siégeant en chambre du conseil et statuant en audience publique.

Tel est l'objet du deuxième paragraphe de l'article 152, qui fut adopté sans discussion.

Il résulte des explications contenues dans le rapport fait à la Chambre des députés par M. R. Péret, qu'il est dans l'intention du législateur que la faculté de citer son conjoint appartienne non seulement à l'époux qui a obtenu soit le divorce à son profit, soit la garde de l'enfant, mais encore à l'époux aux torts duquel le divorce a été prononcé et qui n'a pas obtenu la garde de l'enfant. D'autre part, quand le divorce ou la séparation aura été prononcé aux torts réciproques des conjoints, ils devront être considérés comme l'ayant tous deux obtenu à leur profit : par suite, le consentement de celui qui aura la garde de l'enfant dispensera de recourir au tribunal (1).

L'officier de l'état civil, en cas de dissentiment, est en droit d'exiger le jugement ou l'arrêt de divorce ou de séparation, pour savoir si l'époux qui consent a bien obtenu le divorce ou la séparation et la garde de l'enfant qui veut se marier. Dans le cas où l'époux consentant ne réunirait pas ces deux conditions et où l'autre époux refuserait de consentir, il devra réclamer la décision qui, nonobstant ce refus, permettrait de passer outre (2).

La commission a exprimé le vœu qu'en de tels litiges, qui intéressent l'ordre public, l'assistance judiciaire soit largement accordée.

Qu'on nous permette ici d'exprimer le regret que le législateur, avant d'obliger les parties, souvent domiciliées loin du chef-lieu d'arrondissement et peu fortunées sans être indigentes, à faire les frais d'un voyage souvent coûteux et d'une constitution d'avoué, n'ait point songé au juge de paix placé au chef-lieu de canton, mieux renseigné que le tribunal sur les parents et sur les enfants et qui, en fait, sera souvent consulté par le président. Au cas où le juge de paix n'eût pu arriver à concilier les parents, il eût été temps encore de recourir au tribunal.

---

(1) Ch. des députés, séance du 12 avril 1906, p. 1745, col. 3.

(2) Rapport de M. Catalogne, sénateur. *Doc. parl.*, Sénat, annexe n° 490, *J. off.*, 1907, p. 435, Sénat, Sséance du 30 janv. 1907, p. 393.

(1) Circul. minist. du 12 juillet 1907.

(2) Bull. off. annoté de tous les minist., juin 1907, p. 188.

D. — *Enfants âgés de plus de vingt et un ans. — Nécessité de justifier du consentement des père et mère, jusqu'à l'âge de trente ans. — De la notification aux père et mère de l'union projetée, en cas de refus du consentement des parents. — Pas de notification aux aïeuls.*

Ancien texte	Texte nouveau (art. 7)
Art. 151	Art. 151
Les enfants de famille ayant atteint la majorité fixée par l'article 148 sont tenus, avant de contracter mariage, de demander, par acte respectueux et formel, le consentement de leur père et de leur mère, ou celui de leurs aïeuls ou aïeules, lorsque leurs père et mère sont décédés ou dans l'impossibilité de manifester leur volonté.	Les enfants ayant atteint l'âge de vingt et un ans révolus et jusqu'à l'âge de trente ans révolus sont tenus de justifier du consentement de leurs père et mère.
Il pourra être, à défaut de consentement sur l'acte respectueux, passé outre, un mois après, à la célébration du mariage.	A défaut de ce consentement, l'intéressé fera notifier, dans les formes prévues en l'article 154, l'union projetée à ses père et mère ou à celui des deux dont le consentement n'est pas obtenu.
	Trente jours francs écoulés après justification de cette notification, il sera passé outre à la célébration du mariage.

Ancien texte	Nouveau texte (art. 9)
Art. 154.	Art. 154
L'acte respectueux sera notifié à celui ou ceux des ascendants désignés en l'article 151, par deux notaires, ou par un notaire et deux témoins; et dans le procès-verbal qui doit en être dressé, il sera fait mention de la réponse.	La notification prescrite par l'article 151 sera faite à la requête de l'intéressé par un notaire instrumentant sans le concours d'un deuxième notaire ni de témoins.
	Cet acte, visé pour timbre et enregistré gratis, énoncera les prénoms, noms, professions, domiciles et résidences des futurs époux, de leurs pères et mères, ainsi que le lieu où sera célébré le mariage.
	Il contiendra aussi déclaration que cette notification leur est faite en vue d'obtenir leur consentement et qu'à défaut il sera passé outre à la célébration du mariage à l'expiration du délai de trente jours francs.

Dans la proposition de loi telle qu'elle fut d'abord présentée à la Chambre par M. Déribéré-Desgardes, l'article 151 était purement et simplement supprimé (art. 6 de la proposition).

L'acte respectueux disparaissait ainsi de la loi. Mais cette innovation fut très vivement combattue. M. de Ramel, notamment, approuvé par la droite de la Chambre, s'éleva contre elle, estimant qu'elle était de nature « à détruire l'autorité paternelle et mater- « nelle et la déférence qu'on doit avoir pour « elle, et atteint la stabilité et la solidarité « familiale, déjà si ébranlée et cependant si « respectable, base essentielle et fondement « de l'état social. Il est à remarquer, ajoutait « l'honorable député, que l'obstacle apporté « par les sommations respectueuses ne cons- « titue pas un empêchement de longue durée, « puisque, passé un mois, il peut être pourvu « à la célébration du mariage; ce n'est donc « pas un obstacle à la liberté de celui qui « veut se marier: mais c'est un mois de « réflexion, c'est un mois pendant lequel les « conseils du père et de la mère de famille « peuvent se faire entendre et peuvent pré- « valoir. Or, c'est précisément au moment « où, par la proposition de loi qui vous est « soumise, on abaisse la majorité matrimo- « niale à vingt et un ans, dispensant de l'au- « torisation paternelle les jeunes gens qui « peuvent être enclins à toutes les passions, à « toutes les ardeurs, à tous les caprices passa- « gers, c'est au moment même où la loi « abaisse cette majorité qu'on vous demande « encore de supprimer cette garantie, si faible « soit-elle cependant, si nécessaire de l'acte « respectueux (*Très bien! très bien! à droite*) « qui a pour effet d'informer préalablement « et solennellement les parents des senti- « ments et des intentions arrêtées de l'en- « fant — car c'est ainsi qu'il faut appeler « encore un jeune homme de vingt et un « ans — lorsqu'il se détermine parfois témé- « rairement à fonder une famille et à s'enga- « ger dans les liens définitifs du mariage. Ce « n'est pas au moment, je le répète, où on « abaisse à vingt et un ans la majorité matri- « moniale qu'il faut, sans avoir fait l'expé- « rience de cette émancipation nouvelle, « livrer aux entraînements irréfléchis et par- « fois amèrement regrettés, les jeunes gens « qui ne peuvent que gagner à être conseillés « et guidés par l'affection paternelle [1]. »

« Il faut envisager trois hypothèses, répon-dait M. Déribéré-Desgardes, alors rapporteur de la proposition [2].

« Première hypothèse : les parents consentent au mariage et y assistent. L'acte respectueux est inutile.

---

(1) Ch. des députés, séance du 12 avril 1906, *J. off.*, 1906, p. 1743, col. 1 et 2.
(2) *Eod. loco.*

« Deuxième hypothèse : les parents repoussent le mariage et refusent leur consentement. L'enfant recourt à la sommation dite respectueuse. Cet acte qui, par une sorte d'antiphrase, a été qualifié de respectueux, a un caractère des plus irrespectueux *(Très bien ! Très bien ! à gauche)*. L'enfant fait savoir à son père et à sa mère que si, dans un délai d'un mois, ils n'ont pas consenti à son mariage, il passera outre. Les officiers ministériels qui ont été appelés à signifier ces actes respectueux aux parents qui refusaient leur autorisation, affirment que jamais ils n'ont pu obtenir le consentement du père ou de la mère ; au lieu de ramener la paix dans les familles, l'acte respectueux a contribué à rendre les relations plus aigres et jamais la bonne harmonie n'a pu être rétablie entre le père et les enfants, lorsque ceux-ci ont été obligés de recourir à cette formalité.

« La troisième hypothèse qui peut se produire est la suivante : les parents sont absents, aliénés ou morts.

« Vous voyez, Messieurs, à quelles difficultés, à quelles longueurs sont souvent obligés les enfants pour obtenir la manifestation de l'absence, de la folie ou du décès de leurs ascendants. En résumé, les articles relatifs à l'acte respectueux sont inutiles ou vexatoires quand les parents consentent, inefficaces et funestes quand ils ne consentent pas ; ils occasionnent une multitude de recherches et de formalités quand les parents sont décédés, aliénés ou absents (1). »

M. Déribéré-Desgardes invoquait, en outre, l'exemple de plusieurs pays d'Europe et notamment celui de la Belgique qui, en 1897, à la suite d'une enquête approfondie, avait supprimé les actes respectueux.

L'article 6 de la proposition mise aux voix, une demande de scrutin fut déposée et la suppression de l'acte respectueux fut finalement votée par 285 voix contre 220.

Devant le Sénat (2), la disposition de l'acte respectueux fut maintenue, mais la commission proposa d'y substituer une notification du mariage projeté aux parents, faite par les soins de l'officier de l'état civil.

La proposition de la commission soumise à la première délibération du Sénat était ainsi rédigée :

Article 6. — L'article 151 du Code civil est remplacé par le suivant :

« Les enfants ayant atteint l'âge de vingt et un ans révolus et jusqu'à l'âge de trente ans révolus sont tenus de justifier du consentement de leurs père et mère.

« A défaut, l'officier de l'état civil, appelé à célébrer le mariage, avisera de l'union projetée les père et mère.

« Quinze jours francs écoulés après justification de cette notification faite conformément à l'article 154 ci-après, il sera passé outre à la célébration du mariage. »

Tout en estimant que les enfants parvenus à leur majorité matrimoniale deviennent eux-mêmes les arbitres de leur destinée, la commission pensa qu'il était sage d'imposer aux futurs, dans la période de vingt et un ans à trente ans, d'aviser leurs pères et mères de l'alliance projetée, mais ceux-ci seulement, et à l'exclusion des autres ascendants.

Tandis que l'acte respectueux était signifié par un officier ministériel, la commission proposa d'abord, dans un but d'économie, de confier le soin de cette notification à l'officier de l'état civil et de réduire de quinze jours le délai. Lorsque la proposition revint en deuxième lecture devant le Sénat, elle avait subi une double modification ; le notaire était maintenu comme intermédiaire et le délai de trente jours francs était conservé.

« Ayant entrevu les inconvénients d'une
« intervention des pouvoirs élus, peut-être
« des indiscrétions calculées aux heures troublées
« blées de la politique, écrivait M. Catalogne
« dans son rapport supplémentaire, votre
« commission vous demande de maintenir le
« notaire comme intermédiaire, mais instrumentant
« mentant seul, sans le concours d'un de ses
« collègues, non plus que de témoins.

« Cet officier ministériel, au surplus, n'aura
« d'autre mission que de notifier aux seuls
« père et mère, ou à celui des deux qui refusera
« sera son consentement, un acte dans des
« formes prévues, acte visé pour timbre et
« enregistré gratis, ce qui le rendra bien peu
« onéreux (1). »

En somme, l'acte respectueux aboli par la Chambre fut maintenu sous forme de notification par le Sénat. L'obligation de faire une notification n'est imposée aux futurs époux que jusqu'à l'âge de trente ans ; ils peuvent ensuite se marier sans notification ni consentement d'aucune sorte. Quand les parents seront morts ou dans l'impossibilité de manifester leur volonté, aucune notification ne devra être faite aux aïeuls ni aïeules qui conservent cependant le droit de former opposition au mariage *(Sic :* Circulaire du Garde des sceaux du 12 juillet 1907).

A part l'Espagne, les actes respectueux n'existent nulle part en Europe, ni en Belgique depuis 1897.

---

(1) Conf. Proposition de loi, présentée par M. l'abbé Lemire. Exposé des motifs, *Doc. parlem.*, députés. Annexe n° 652, p. 897.

(2) 1er rapport de M. Catalogne, *Doc. parl.*, Sénat, annexe n° 490, p. 436.

(1) *Doc. parl.*, Sénat. Rapport supplémentaire de M. Catalogne, n° 53, p. 3.

E. — *Quelle est la portée du mot résidence employé dans le deuxième paragraphe de l'article 154 nouveau.*

Bien que les travaux préparatoires ne contiennent sur ce point aucun éclaircissement, il semble bien que la résidence visée à l'article 154 nouveau soit, pour les futurs époux, la résidence quant au mariage, telle qu'elle est définie par l'article 74 nouveau du Code civil, c'est-à-dire la résidence établie par un mois au moins d'habitation continue, et, pour les parents, la résidence où ils habitent ordinairement en fait [1].

L'officier de l'état civil doit, si les parents ne sont pas présents pour donner leur consentement, se faire remettre l'original de la notification dressée par le notaire, de façon à être certain que le délai de trente jours est expiré [2].

F. — *Dans quelle forme devra être faite la notification et devra-t-elle être accomplie quand les parents seront fixés à l'étranger ?*

Si la législation du pays étranger prévoit une formalité analogue à celle de l'article 154, aucune difficulté ne paraît devoir s'élever : la notification sera faite dans les formes prescrites par la loi du pays en vertu de la règle : *locus regit actum*. Dans le cas contraire, devra-t-on faire notifier le projet de mariage par l'autorité consulaire, alors que cette voie entraîne des retards inévitables en raison des diverses transmissions auxquelles il est nécessaire de recourir, et peut même être d'un emploi impossible, quand les parents ne demeurent pas au lieu de la résidence du consul ? Sera-t-il permis, en ce dernier cas, de passer outre et de dispenser les époux de rapporter la preuve que les parents ont été personnellement informés du projet de mariage ? Devra-t-on, au contraire, les inviter à employer tout autre moyen assurant cette notification, une lettre recommandée, par exemple, adressée aux parents par le notaire ?

La présence d'un officier public lors de la notification ne paraît plus aussi indispensable que pour la remise de l'ancien acte respectueux, puisque le notaire n'est plus appelé à recueillir la réponse des parents. La formalité essentielle semble être d'informer effectivement ces derniers du projet de mariage et de fournir à l'officier de l'état civil la preuve qu'ils l'ont connu, et, lorsque les parents demeureront à l'étranger, la prescription de l'article 154 nouveau sera suffisamment observée par une notification par lettre recommandée avec avis de réception, adressée par le notaire qui fera mention dans l'acte qu'il

dressera du mode de notification et du motif qui l'a contraint à en faire usage [1].

G. — *Absence des père et mère*

Ancien texte	Nouveau texte (art. 10)
ART. 155	ART. 155
En cas d'absence de l'ascendant auquel eût dû être fait l'acte respectueux, il sera passé outre à la célébration du mariage, en représentant le jugement qui aurait été rendu pour déclarer l'absence ou, à défaut de ce jugement, celui qui aurait ordonné l'enquête, ou, s'il n'y a point encore eu de jugement, un acte de notoriété délivré par le juge de paix du lieu où l'ascendant a eu son dernier domicile connu. Cet acte contiendra la déclaration de quatre témoins appelés d'office par ce juge de paix.	En cas d'absence des père et mère auxquels eût dû être faite la notification prévue à l'article 154, il sera passé outre.... (texte ancien). . . . . un acte de notoriété délivré par le juge de paix du lieu où les père et mère ont eu leur dernier domicile connu. Cet acte contiendra la déclaration de quatre témoins appelés d'office par le juge de paix.
Il n'est pas nécessaire de produire les actes de décès des père et mère des futurs mariés, lorsque les aïeuls ou aïeules, pour la branche à laquelle ils appartiennent, attestent ce décès ; et, dans ce cas, il doit être fait mention de leur attestation dans l'acte de mariage.	Il n'est pas nécessaire de produire les actes de décès des pères et mères des futurs mariés lorsque les aïeuls ou aïeules, pour la branche à laquelle ils appartiennent, attestent ce décès ; et, dans ce cas, il doit être fait mention de leur attestation sur l'acte de mariage.
Si les ascendants dont le consentement ou conseil est requis sont décédés et si l'on est dans l'impossibilité de produire l'acte de décès ou la preuve de leur absence, faute de connaître leur dernier domicile, il sera procédé à la célébration du mariage des majeurs sur leur déclaration à serment que le lieu de décès et celui du dernier domicile de leurs ascendants leur sont inconnus.	(Supprimé.)
Cette déclaration doit être certifiée aussi par serment des quatre	A défaut de cette attestation il sera procédé à la célébration

---

témoins de l'acte de mariage, lesquels affirment que, quoiqu'ils connaissent les futurs époux, ils ignorent le lieu du décès de leurs ascendants et de leur dernier domicile. Les officiers de l'état civil doivent faire mention dans l'acte de mariage desdites déclarations.

du mariage des majeurs sur leur déclaration et serment que le lieu du décès et celui du dernier domicile de leurs ascendants leur sont inconnus.

H. — *De l'opposition à mariage*

Si aucune *notification* ne doit être faite aux aïeuls et aïeules, ils conservent cependant le droit de former *opposition* au mariage. Enfin notons que lorsque le père sera seul décédé, les aïeuls et aïeules jouiront également du droit d'opposition et ce *concurremment* avec la mère survivante, tandis que le Code civil ne le leur accordait *qu'à défaut* des père et mère.

Ancien texte	**Nouveau texte** (art. 20)
ART. 473	ART. 473
Le père, et, à défaut du père, la mère, et, à défaut des père et mère, les aïeuls et aïeules, peuvent former opposition au mariage de leurs enfants et descendants, encore que ceux-ci aient vingt-cinq ans accomplis.	Le père, et, à défaut du père, la mère, les aïeuls et aïeules, peuvent former opposition au mariage de leurs enfants et descendants, encore que ceux-ci aient vingt et un ans accomplis.

SECTION III
Formalités extrinsèques

I. — *Publication préalable au mariage*

Ancien texte	**Nouveau texte** (art. 1er)
ART. 63	ART. 63
Avant la célébration du mariage, l'officier de l'état civil fera deux publications, à huit jours d'intervalle, un jour de dimanche, devant la porte de la maison commune. Ces publications et l'acte qui en sera dressé, énonceront les prénoms, noms, professions et domiciles des futurs époux, leur qualité de mineurs ou de majeurs, et les prénoms, noms, professions et domiciles de leurs pères et mères. Cet acte énoncera, en outre, les jours, lieux et heures où les publications auront été faites ;	Avant la célébration du mariage, l'officier de l'état civil fera *une publication* par voie d'affiche apposée à la porte de la maison commune. Cette publication énoncera les prénoms, noms, professions, domicile et résidence des futurs époux, leur qualité de mineur ou de majeur et les prénoms, noms, professions et domiciles de leurs pères et mères. Elle énoncera, en outre, les jour, lieu et heure où elle a été faite. Elle sera transcrite sur un seul registre coté et paraphé comme il est dit à l'article 44 du Code

il sera inscrit sur un seul registre, qui sera coté et paraphé comme il est dit en l'article 44, et déposé, à la fin de chaque année, au greffe du tribunal de l'arrondissement.

civil et déposé, à la fin de chaque année, au greffe du tribunal de l'arrondissement.

Ancien texte	**Nouveau texte** (art. 2)
ART. 64.	ART. 64
Un extrait de l'acte de publication sera et restera affiché à la porte de la maison commune, pendant les huit jours d'intervalle de l'une à l'autre publication. Le mariage ne pourra être célébré avant le troisième jour depuis et non compris celui de la seconde publication.	L'affiche prévue en l'article précédent restera apposée à la porte de la maison commune pendant dix jours, lesquels devront comprendre deux dimanches. Le mariage ne pourra être célébré avant le dixième jour depuis et non compris celui de la publication.

Ancien texte	**Nouveau texte** (art. 3)
ART. 65	ART. 65
Si le mariage n'a pas été célébré dans l'année à compter de l'expiration du délai des publications, il ne pourra plus être célébré qu'après que de nouvelles publications auront été faites dans la forme ci-dessus prescrite.	Si le mariage n'a pas été célébré dans l'année, à compter de l'expiration du délai de la publication, il ne pourra plus être célébré qu'après une nouvelle publication faite dans la forme ci-dessus.

Ancien texte	**Nouveau texte** (art. 46)
ART. 166	ART. 166
Les deux publications ordonnées par l'article 63, au titre *des actes de l'état civil*, seront faites à la municipalité du lieu où chacune des parties contractantes aura son domicile.	La publication ordonnée (supprimer: au titre des actes de l'état civil). ajouter : ou sa résidence.

Ancien texte	**Nouveau texte** (art. 47)
ART. 167	ART. 167
Néanmoins, si le domicile actuel n'est établi que par six mois de résidence, les publications seront faites, en outre, à la municipalité du dernier domicile.	Si le domicile actuel ou la résidence actuelle n'ont pas été d'une durée continue de six mois, la publication sera faite en outre au lieu du dernier domicile et, à défaut de do-

micile, au lieu de la dernière résidence ; si cette résidence n'a pas une durée continue de six mois, la publication sera faite également au lieu de la naissance.

Ancien texte	**Nouveau texte** (art. 18)
ART. 168	ART. 168
Si les parties contractantes, ou l'une d'elles, sont, relativement au mariage, sous la puissance d'autrui, les publications seront encore faites à la municipalité du domicile de ceux sous la puissance desquels elles se trouvent.	...la publication sera...

Ancien texte	**Nouveau texte** (art. 19)
ART. 170	ART. 170
Le mariage contracté en pays étrangers entre Français, et entre Français et étranger, sera valable, s'il a été célébré dans les formes usitées dans le pays, pourvu qu'il ait été précédé des publications prescrites par l'article 63 au titre *des actes de l'état civil*, et que le Français n'ait point contrevenu aux dispositions contenues au chapitre précédent (1).	de la publication prescrite. etc.

Une seule publication est requise

La première modification consiste dans la réduction à une seule des deux publications prescrites par l'ancien texte.

Les législations étrangères n'exigent aucune publication préalable ou n'en demandent qu'une.

Dans la pratique, l'officier de l'état civil se bornait à faire afficher à la porte de la mairie un extrait de la promesse de mariage, affiche qui n'était pas renouvelée et qu'on se contentait de laisser subsister. On obtenait, en outre, la dispense de la seconde publication.

En supprimant l'une de ces publications, le législateur a mis le texte de la loi en harmonie avec l'usage ; il a permis aussi de réaliser une économie toujours appréciable dans les classes pauvres.

La double publication avait pour but, a-t-on prétendu, de prévenir la bigamie. Mais cette objection tombe depuis la loi du 17 août 1897, qui a prescrit de faire mention de la célébration du mariage en marge de l'acte de naissance des époux. La production de cet acte, qui est nécessaire pour la célébration du mariage, fera connaître exactement la situation des futurs époux et le péril de bigamie sera ainsi écarté (1).

J. — *Époque et durée de la publication*

Une deuxième modification a été apportée à l'ancien article 63. Ce dernier prescrivait que les deux publications devaient être faites à huit jours d'intervalle, *un jour de dimanche*. D'autre part, aux termes de l'article 64 du Code civil, le mariage ne pouvait être célébré avant le troisième jour, depuis et non compris celui de la seconde publication, c'est-à-dire que le mariage ne pouvait être célébré avant le mercredi qui suivait la deuxième publication, faite un dimanche, comme la première.

M. Gourju, d'accord avec le rapporteur, déposa un amendement consistant à supprimer ces mots : un jour de dimanche (2).

Ainsi que l'a déclaré M. Gourju, son amendement avait pour objet de mettre la nouvelle législation sur les formalités du mariage en harmonie avec la législation sur le repos hebdomadaire et avec la pratique. Les communes tendent de plus en plus à faire bénéficier leurs employés du repos hebdomadaire. Généralement ce sont les plus importantes, celles dans lesquelles les publications peuvent offrir le plus d'intérêt, parce qu'on s'y connaît moins les uns les autres et qu'on est ainsi moins bien renseigné sur les événements qui intéressent l'état civil des citoyens. Il en résultait que, dans la pratique, les publications de mariage ne se faisaient plus le dimanche, mais le samedi, et que les formalités légales ne se trouvaient plus appliquées. En autorisant les publications un jour quelconque, on a fait cesser cette anomalie qui faisait qu'au moins un employé de mairie était privé en principe du repos hebdomadaire, parce que légalement il était obligé de venir le dimanche matin à la mairie pour faire les publications.

Pour conserver à la publication tout son effet utile, il suffisait de conserver les deux dimanches dans le délai. C'est ce qui a été fait dans l'article 64 modifié conformément à l'amendement de M. Gourju.

Mais, a-t-on objecté, on pourra s'arranger de telle façon que le mariage ait lieu le lundi qui suivra le second dimanche. Par consé-

---

(1) Voir Guibourg : Commentaire de la loi du 29 mars 1901 modifiant les articles 170 et 171 du Code civil (*Bulletin-Commentaire des Lois nouvelles*, t. VI, p. 52).

(1) Voir *Bulletin-Commentaire des Lois nouvelles*, t. II, p. 107.

(2) Sénat, séance du 7 mai 1907, *J. off.*, p. 604, col. 605.

quent, le deuxième dimanche sera en quelque sorte inopérant, puisque l'on n'aura pas le temps, du dimanche au lundi matin, de faire les oppositions nécessaires (1). Le commissaire du gouvernement ajouta qu'il n'y voyait pas un bien grave danger.

En résumé, le *dies a quo* ne compte pas, mais à l'inverse il faut compter le *dies ad quem* ; ainsi, une publication affichée le vendredi permettra de célébrer le mariage le lundi de la seconde semaine qui suivra, et à n'importe quelle heure, sans se préoccuper de l'heure de l'affichage, le délai se comptant par jour et non par heure.

Pour le mariage de nomades, de forains qui ne possèdent pas de domicile connu et ne peuvent s'astreindre à résider dans une même commune, pendant les six mois consécutifs qui précèdent le mariage, l'officier de l'état civil devra exiger la preuve que les publicatios ont été faites: 1° au lieu de la résidence actuelle; 2° au lieu de la dernière résidence ; 3° au lieu de la naissance (art. 167 nouveau). — Pour les mineurs de vingt et un ans, il sera encore nécessaire de faire une publication à la municipalité du domicile de ceux sous la puissance desquels se trouvent les futurs époux (art. 168).

A. Enonciations devant figurer dans la publication

La résidence à mentionner dans l'acte de publication est, comme dans l'article 154, paragraphe 2, la résidence quant au mariage qui, aux termes de l'article 74 nouveau, s'établit par un mois au moins d'habitation continue (2).

Aucune autre mention ne doit y être ajoutée et notamment, ainsi que l'a rappelé une circulaire du ministre de la justice en date du 8 août 1904, les officiers de l'état civil n'ont pas à indiquer que les futurs époux ont la qualité d'*enfants légitimes* ou *légitimés*, *naturels reconnus* ou *non reconnus*, qu'ils sont *nés de parents inconnus*, de *père inconnu*, de *mère inconnue*. (Voir *Revue des lois*, n° 2370.)

K. — *Dispense de la publication*

Ancien texte	Nouveau texte (art. 22)
ART. 169	ART. 169
Il est loisible au président de la République ou aux officiers qu'il préposera à cet effet, de dispenser, pour des causes graves, de la seconde publication.	Le procureur de la République dans l'arrondissement duquel sera célébré le mariage peut dispenser, pour des causes graves, de la publication et de tout délai.

(1) Sénat, séance 7 mai 1907, *J. off.*, p. 603.
(2) Circul. minist. du 12 juillet 1907.

Dans la pratique, la faculté de dispense telle qu'elle était accordée, c'est-à-dire d'une seule publication sur deux, avait paru insuffisante.

Le plus souvent, en effet, on y a recours dans le cas de mariage *in extremis*, quand des personnes sur le point de mourir éprouvent le désir de régulariser une union existante, soit pour assurer quelques ressources au conjoint survivant, soit pour légitimer des enfants nés ou à naître de cette union et que leur état de santé ne permet pas d'attendre le délai légal de dix jours entre la publication et la célébration du mariage.

Le seul remède approprié à cet état de choses a paru être de permettre au procureur de la République de dispenser, pour des causes graves, qu'il lui appartiendra d'apprécier, de la publication et de tout délai.

Mû par un sentiment de décentralisation que commande en l'espèce une hâte nécessaire, insérant, au surplus, dans le texte, ce qui est dans la pratique, le législateur a estimé qu'il valait mieux — une décision présidentielle entraînant toujours des longueurs impossibles à éviter — confier au procureur de la République, sans qu'il soit utile de prévoir le recours au chef de l'État, le soin et la responsabilité de statuer en cette matière.

Deux objections ont été faites à la modification de l'article 169.

Ce fut d'abord M. Fortier qui, tout en admettant que le procureur de la République puisse dispenser de l'observation du délai, déclara qu'il était excessif de dispenser de toute publication (1). Du moment où, en vingt-quatre heures, on pourra se marier, puisqu'il n'y aura plus de publication ni de délai, disait M. Fortier, êtes-vous sûrs que vous n'aboutirez pas aux mariages clandestins, voire même à la bigamie? Comment saurez-vous si l'un des futurs n'est pas déjà marié, puisque vous ne devez plus avoir de publication ? Comment pourrez-vous être renseigné sur la situation des intéressés et connaître s'il y a ou non un empêchement ou une impossibilité au mariage projeté, dont on vous demandera d'autoriser la célébration immédiate?

M. le commissaire du gouvernement répondit que, dans ces circonstances, le parquet est entouré de renseignements, puisque c'est sur des démarches d'officiers d'état civil, de maires, de personnes qui s'intéressent à ce mariage qu'on vient le mettre au courant d'une situation qui nécessite son intervention immédiate. Le parquet a, de son côté, de nombreux moyens de renseignements à sa disposition.

M. Fortier reprochait, en outre, à la proposition d'être rédigée en termes vagues et imprécis. Qu'entendez-vous par causes graves ?

(1) Sénat, séance 7 mai 1907. *J. off.*, p. 610.

demandait M. Fortier. On trouvera des causes graves tous les jours. Lorsque vous les aurez énumérées, nous verrons si nous devons accepter cette rédaction. La réponse du commissaire du gouvernement a donné tous les éclaircissements nécessaires sur ce point :

« La jurisprudence a établi d'une façon « extrêmement nette et précise — et les parquets ne peuvent pas sortir de ses prescriptions — les cas dans lesquels il est possible « d'accorder une dispense de publication. Ces cas, limitativement déterminés, sont au nombre de trois.

« Le premier est celui d'un mariage qui va avoir lieu *in extremis*, celui où l'on peut craindre qu'une attente de quelques heures ou de quelques jours ne permette plus aux futurs époux de contracter cette union; le second, c'est le cas d'une grossesse si avancée que l'enfant ne naîtrait probablement pas d'une union légitime si le mariage était retardé; enfin, le troisième cas est celui d'un ordre subit, précipité, qui peut obliger un marin ou un soldat à rejoindre son bateau ou son corps.

« En dehors de ces trois cas, les procureurs de la République et les procureurs généraux ne peuvent accorder aucune dispense; ils ne le pourront pas plus sous la législation nouvelle; ils seront toujours liés par la jurisprudence ancienne.

« Ce n'est que dans ces cas strictement, limitativement déterminés, qu'ils pourront accorder la dispense de publication. »

Bien que l'article 169 nouveau ait désormais confié directement aux chefs des parquets de première instance le droit susvisé, ces magistrats devront néanmoins rendre compte à la chancellerie des dispenses accordées [1].

L. — *Lieu du mariage. — Officier public compétent*

Ancien texte	**Nouveau texte** (art. 4)
ART. 74	ART. 74
Le mariage sera célébré dans la commune où l'un des deux époux aura son domicile.	Ajouter : *ou sa résidence établie par un mois au moins d'habitation continue à la date de la publication prévue par la loi.*

Ancien texte	**Nouveau texte** (art. 15)
ART. 165	ART. 165
Le mariage sera célébré publiquement devant l'officier civil	Le mariage sera célébré publiquement devant l'officier de l'é-

du domicile de l'une des deux parties.

tat civil de la commune où l'un des époux aura son domicile ou sa résidence à la date de la publication prévue par l'article 63, et, en cas de dispense de la publication, à la date de la dispense prévue à l'article 169 ci-après.

D'après l'ancien article 74 du Code civil, le mariage devait être célébré dans la commune où l'un des deux époux avait son domicile. Ce domicile, quant au mariage, s'établissait par six mois d'habitation continue dans la même commune.

L'article 165 ancien disposait : le mariage sera célébré publiquement devant l'officier civil du domicile de l'une des deux parties.

Les prescriptions formulées dans ces deux articles ne permettaient donc la célébration du mariage que dans la commune où l'un des deux époux avait son domicile réel ou tout au moins une habitation continue de six mois.

Il apparaît immédiatement combien parfois il était difficile de satisfaire à cette obligation. D'abord, indépendamment des nomades, bateliers, forains, colporteurs ou autres, auxquels les nécessités de leur profession ne permettent aucune stabilité et qui n'ont, pour la plupart, pas d'autre domicile que leur bateau ou leur voiture, combien parmi les ouvriers et la classe si nombreuse des domestiques et employés de commerce, pour des causes purement accidentelles et indépendantes de leur volonté — fermetures d'ateliers, chômages, crises industrielles, maladies ou renvois de chez leurs maîtres ou patrons, — changent fréquemment de résidence, vivent ainsi sans domicile acquis et souvent sans possibilité d'en acquérir à point nommé.

En autorisant le mariage à la simple résidence, on a rendu à toute cette catégorie si nombreuse et si intéressante de citoyens un véritable service; on leur a permis encore, dans beaucoup de cas, de régulariser une situation illégitime en leur permettant le mariage dans toute commune où ils ont une résidence établie par un mois au moins d'habitation continue à la date de la publication prévue par la loi [1].

L'article 4 de la proposition primitive était ainsi conçu : « Le mariage sera célébré dans « la commune où l'un des deux époux aura « son domicile *ou sa résidence, à la date de* « *la publication prévue par la loi.* »

Aucune condition de durée n'était d'abord imposée pour la résidence.

À quel criterium reconnaîtra-t-on la rési-

---

(1) Circul. minist., 12 juillet 1907.

(1) Rapport de M. Déribéré-Desgardes, *J. off.*, 1907, *Doc. parl.*, députés, annexe n° 2946.

dence? avait demandé M. Gourju. C'est chose extrêmement incertaine que la résidence, tandis que le domicile peut être prouvé par un moyen qui se suffit à lui-même, la déclaration du changement de domicile faite à la mairie du point de départ et la déclaration du domicile nouveau faite à la mairie du point d'arrivée. Il est donc facile, en principe, de distinguer le domicile de la résidence. Quant à prouver la résidence, cela peut être très délicat. Suffira-t-il d'avoir passé la nuit précédente dans un lieu quelconque pour y être domicilié, à l'hôtel, par exemple, ou sous un pont? Il faut évidemment quelque chose de plus substantiel et de plus précis. Je voudrais savoir quel sera le procédé, le moyen de preuve qui justifiera l'existence d'une résidence suffisamment sérieuse.... L'appréciation de la résidence ne peut pas être abandonnée sans danger à l'arbitraire d'un maire, car il arrivera ainsi que le même maire estimera justifiée une résidence de vingt-quatre heures, alors que le lendemain il estimera peut-être qu'une résidence de la même durée n'est pas suffisamment établie.

« Il est donc nécessaire, lorsque la résidence sera constatée, que quelqu'un intervienne qui ne soit pas le maire, et cela dans des conditions de rapidité et de facilité dont j'admets volontiers l'étude, mais qui ne sont pas encore suffisamment déterminées (1). »

A la suite des observations de M. Gourju, le renvoi à la commission de l'article 4 fut ordonné. La commission imposa une résidence d'un mois et l'article ainsi modifié fut adopté sans discussion.

Rien ne permet de restreindre les termes très larges de la loi et le mariage serait possible si cette habitation présentait un caractère nettement temporaire, même s'il n'était pas douteux que le futur époux n'est venu habiter pendant un mois dans telle commune que dans le seul but de pouvoir s'y marier, et qu'il a l'intention d'abandonner cette résidence aussitôt après la célébration. Les dispositions de l'article 167 paraissent devoir être un obstacle suffisant à la clandestinité des mariages (2).

Il semble certain que l'officier de l'état civil ne pourrait exiger une habitation continue pendant les dix jours de l'affichage outre le mois qui précède la publication ; les termes de l'article 74 nouveau sont formels en effet : c'est à la date de la publication qu'il est nécessaire, pour le futur époux, de posséder une habitation d'un mois dans la commune ; cette condition est au point de vue de la résidence suffisante, et il ne saurait y être arbitrairement ajouté.

L'habitation doit être continue, mais une absence de quelques jours ne lui ferait pas perdre ce caractère, si le futur conserve toujours une demeure dans la commune. Par contre, on ne saurait considérer comme remplissant les conditions de la loi celui qui se contenterait de louer une maison ou une chambre dans une localité sans y venir habiter effectivement (1).

III. — *Enonciations de l'acte de mariage*

Ancien texte	Nouveau texte (art. 5)
ART. 76	ART. 76
On énoncera dans l'acte de mariage :	
1° Les prénoms, noms, professions, âges, lieux de naissance et domiciles des époux ;	(Sans changement.)
2° S'ils sont majeurs ou mineurs ;	
3° Les prénoms, noms, professions et domiciles des pères et mères ;	
4° Le consentement des pères et mères, aïeuls et aïeules, et celui de la famille, dans les cas où ils sont requis ;	4° Le consentement des pères et mères, aïeuls et aïeules, et celui *du conseil de famille*, dans les cas où ils sont requis ;
5° Les actes respectueux, s'il en a été fait ;	5° *La notification prescrite par l'article 151, s'il en a été fait ;* (Supprimé.)
6° Les publications dans les divers domiciles ;	
7° Les oppositions, s'il y en a eu ; leur mainlevée, ou la mention qu'il n'y a point eu d'opposition.	6° Les oppositions, s'il y en a eu....
8° La déclaration des contractants de se prendre pour époux, et le prononcé de leur union par l'officier public ;	7° La déclaration....
9° Les prénoms, noms, âges, professions et domiciles des témoins, et leur déclaration s'ils sont parents ou alliés des parties, de quel côté et à quel degré ;	8° Les prénoms....
10° La déclaration faite sur l'interpellation prescrite par l'article précédent qu'il a été ou qu'il n'a pas été fait de contrat de ma-	9° La déclaration faite sur l'interpellation....

____

(1) Sénat, séance du 30 janvier 1907, *J. off.*, 1907, p. 392.
(2) Circul. minist. du 12 juillet 1907.

(1) Bull. annoté de tous les minist., juin 1907, p. 187.

Ancien texte	Nouveau texte
riage, et, autant que possible, la date du contrat, s'il existe, ainsi que les nom et lieu de résidence du notaire qui l'aura reçu; le tout à peine contre l'officier de l'état civil de l'amende fixée par l'article 50. Dans le cas où la déclaration aurait été omise ou serait erronée, la rectification de l'acte, en ce qui touche l'omission ou l'erreur, pourra être demandée par le procureur de la République, sans préjudice du droit des parties intéressées, conformément à l'article 99. Il sera fait mention de la célébration du mariage en marge de l'acte de naissance des époux.	(Sans changement.)

Cet article 5 n'existait point dans la proposition soumise pour la première fois à la Chambre; il n'en fut point non plus question en première lecture devant le Sénat.

Les deux modifications de forme apportées à l'article 76 du Code civil ont été proposées par le rapporteur lors de la deuxième délibération.

Les mots : « et celui du conseil de famille » constituent une rédaction plus précise que ceux : « et celui de la famille ».

L'acte respectueux subissant une modification, il y avait lieu de substituer, dans le paragraphe 5, le mot « notification » à ceux de : « les actes respectueux ».

SECTION IV

Dispositions diverses

N. — *Mariage des enfants naturels.* — *Enfants naturels reconnus*

Ancien texte	Nouveau texte (art. 13)
ART. 158	ART. 158
Les dispositions contenues aux articles 148 et 149, et les dispositions des articles 151, 152, 153, 154 et 155, relatives à l'acte respectueux qui doit être fait aux père et mère dans le cas prévu par ces articles, sont applicables aux enfants naturels légalement reconnus.	Les dispositions contenues aux articles 148 et 149 et les dispositions des articles 151, 152, 153, 154 et 155 sont applicables aux enfants naturels légalement reconnus.

Enfants naturels non reconnus, orphelins ou dont les père et mère ne peuvent manifester leur volonté

Ancien texte	Nouveau texte (art. 14)
ART. 159	ART. 159
L'enfant naturel qui n'a point été reconnu, et celui qui, après l'avoir été, a perdu ses père et mère, ou dont les père et mère ne peuvent manifester leur volonté, ne pourra, avant l'âge de vingt et un ans révolus, se marier qu'après avoir obtenu le consentement d'un tuteur *ad hoc* qui lui sera nommé.	L'enfant naturel qui . . . . qu'après avoir obtenu le consentement du conseil de famille.

M. Catalogne expliquait ainsi, dans son rapport supplémentaire, la substitution du conseil de famille au tuteur *ad hoc* :

Une telle mention (d'un tuteur *ad hoc*) dans un acte de mariage met l'intéressé dans un état d'infériorité morale et civile.

Cet inconvénient peut disparaître en remplaçant le consentement du tuteur *ad hoc* par le consentement du conseil de famille.

Ainsi, au surplus, il y aura unité législative entre les deux articles 159 et 160 du Code civil.

Il suffira donc à l'intéressé de représenter à l'officier de l'état civil une expédition de la décision autorisant son mariage (1).

O. — *Sanctions et pénalités*

Ancien texte	Nouveau texte (art. 11)
ART. 156	ART. 156
Les officiers de l'état civil qui auraient procédé à la célébration des mariages contractés par des fils n'ayant pas atteint l'âge de vingt-cinq ans accomplis, ou par des filles n'ayant pas atteint l'âge de vingt et un ans accomplis, sans que le consentement des pères et mères, celui des aïeuls et aïeules, et celui de la famille, dans le cas où ils sont requis, soient énoncés dans l'acte de mariage, seront, à la diligence des parties intéressées et du pro-	Les officiers de l'état civil qui auraient procédé à la célébration des mariages contractés par des fils ou filles n'ayant pas atteint l'âge de vingt et un ans accomplis (Conforme.) et celui du conseil de famille *ou du procureur de la République près le tribunal civil*

(1) Voir Taudière : *Commentaire des lois* des 2 juillet et 7 novembre 1907 *relatives aux enfants nés hors mariage* (Belzacq, éditeur).

cureur de la République près le tribunal de première instance du lieu où le mariage aura été célébré, condamnés à l'amende portée par l'article 192 et, en outre, à un emprisonnement dont la durée ne pourra être moindre de six mois.

Ancien texte

ART. 157

Lorsqu'il n'y aura pas eu d'actes respectueux, dans les cas où ils sont prescrits, l'officier de l'état civil qui aurait célébré le mariage sera condamné à la même amende et à un emprisonnement qui ne pourra être moindre d'un mois.

Ancien texte

ART. 192

Si le mariage n'a point été précédé des deux publications requises, ou s'il n'a pas été obtenu de dispenses permises par la loi ou si les intervalles prescrits dans les publications et célébration n'ont point été observés, le procureur de la République fera prononcer contre l'officier public une amende qui ne pourra excéder 300 fr. et contre les parties contractantes, ou ceux sous la puissance desquels elles ont agi, une amende proportionnée à leur fortune.

de première instance de l'arrondissement où le mariage aura été célébré, condamnés à l'amende portée *en* l'article 192 du Code civil. (*Supprimé à partir de : et, en outre, à un emprisonnement....*)

Nouveau texte
(art. 12)

ART. 157

L'officier de l'état civil qui n'aura pas exigé la justification de la notification prescrite par l'article 151 sera condamné à l'amende prévue en l'article précédent.

Nouveau texte
(art. 21)

ART. 192

de la publication requise

entre les publications et célébrations

La Chambre des députés, conformément à la proposition qui lui était soumise par M. Deribéré-Desgardes, avait supprimé les articles 156 et 157 du Code civil.

Ces articles furent rétablis par la commission sénatoriale, et leur rédaction nouvelle adoptée en première lecture.

Les modifications apportées au texte de ces deux articles ont eu pour but de les mettre en harmonie avec les dispositions nouvelles, ou bien de donner une rédaction plus précise et plus correcte.

Les pénalités édictées par ces articles ont été atténuées. « Puisque vous vous intéressez aux maires, aux officiers de l'état civil, il ne faut pas les mettre sous le coup de pénalités importantes, sous le coup de la prison. C'est pour cela que la commission vous propose de maintenir les amendes et de supprimer l'emprisonnement, déclara M. Catalogne ».

Ajoutons qu'il n'en serait pas de même si l'officier de l'état civil célébrait le mariage, par exemple sans que le consentement des ascendants ait été obtenu. Il ne s'agit plus ici des simples formalités visées par l'article 192 du Code civil, et l'officier de l'état civil serait passible des peines édictées par l'article 193 du Code pénal, qui n'est pas abrogé.

P. — *Sphère d'application de la loi nouvelle*

ART. 23.

La présente loi est applicable à l'Algérie, ainsi qu'aux colonies de la Guadeloupe, de la Martinique et de la Réunion.

En première lecture, M. Godin avait exprimé le vœu que la loi portât que les dispositions de l'article 23 (alors art. 17) fussent applicables à toutes les colonies. « Il serait, en effet, difficile d'admettre, faisait observer M. Godin, que dans une colonie le traitement soit différent de celui des autres. J'ajoute que s'il est des pays où il soit nécessaire de faciliter le mariage, c'est surtout dans les colonies. »

Le texte de l'article fut maintenu en seconde lecture et adopté.

Nos colonies n'ont pas un régime législatif uniforme. Trois d'entre elles, la Martinique, la Réunion, la Guadeloupe, ont une constitution spéciale. En vertu du sénatus-consulte du 3 mars 1854 (art. 3), seul le Parlement a le pouvoir d'y rendre applicables les lois de la Métropole quand elles concernent l'une des matières énumérées en cet article 3 ; l'une de ces matières a trait à l'état civil des personnes, au mariage, par conséquent.

Les autres colonies restent soumises au régime des décrets.

Conformément à la proposition du rapporteur, le Sénat vota l'application de la loi aux trois colonies de la Guadeloupe, de la Martinique et de la Réunion, comme, du reste, à l'Algérie, en laissant au gouvernement la faculté d'en prescrire l'obligation aux autres colonies par la voie des décrets.

Bulletin-Commentaire des Lois nouvelles et Décrets

COMITÉ DE RÉDACTION

PRIÈRE DE COMMUNIQUER AUX INTÉRESSÉS